LES
ENFANS TROUVÉS,
O U
LE SULTAN POLI
PAR L'AMOUR.

Parodie.

ON trouve dans la même Boutique les Piéces suivantes de Mr. ROMAGNESI, DOMINIQUE & RICCOBONI.

LE TEMPLE DE LA VERITE'.

ARLEQUIN HULLA, & La REVUE DES THEATRES.

ARCAGAMBIS.

LES PAYSANS DE QUALITE' ET LES DE'BUTS.

LES AMUSEMENS A LA MODE.

DIVERSES PARODIES.

Toutes ces Piéces se trouvent dans le Recueil du Nouveau Théatre Italien avec les Airs des Vaudevilles in-12. 8. vol. & dans celui des Parodies avec les Airs in-12. 3. vol. qui se vendent l'un & l'autre chez le même Libraire.

LES ENFANS TROUVÉS,

OU

LE SULTAN POLI
PAR L'AMOUR.

Parodie de la Tragedie de Zaïre, de Monsieur
DE VOLTAIRE,

Par Messieurs

DOMINIQUE, ROMAGNESI,
& FRANCESCO RICCOBONI.

Représentée pour la prémiere fois par les
Comediens Italiens ordinaires du Roy,
le 9. Decembre 1732.

A PARIS,

Chez BRIASSON, Libraire, ruë Saint
Jacques, à la Science.

Avec Approbation & Privilege du Roy.

ACTEURS.

TEMIRE.

FATIM   EConfidente de Temire.

DIAPHANE, Sultan de Tripoli.

ALCIDOR.

JASMIN, Visir, Confident du Sultan.

CARABIN, Gascon.

MATADOR.

ESCLAVES.

La Scene est à Tripoli dans le Serrail.

LES ENFANS TROUVES,

OU

LE SULTAN POLI

PAR L'AMOUR.

SCENE PREMIERE.

TEMIRE, FATIME.

FATIME.

JE ne m'attendois pas, jeune &
belle Temire,
Vous qui pleuriez toujours, à vous
voir jamais rire !
Quoi ! vous ne tournez plus les
yeux vers ces Climats,
Où ce vaillant François devoit guider nos pas ?

A iij

Vous ne me parlez plus des plaisirs que la
  France
Permet à notre sexe avec tant de licence ?
Vous ne l'ignorez point, c'est là que les ma-
  ris,
Vivent d'intelligence avec les favoris,
Que la femme, y bravant la contrainte fatale,
Est prude avec renom, coquette sans scan-
  dale.
Ne soupirez-vous plus pour cette liberté ?

TEMIRE.

Le Serrail aujourd'hui fait ma félicité.
Chés les Mahometans dès l'enfance enfermée,
A leur façon d'agir ils m'ont accoûtumée.
Tout le monde en convient, le Roi de Tripoli
Est, malgré sa moustache, un Seigneur très-
  poli.

FATIME.

Mais ce jeune Officier va donc perdre sa pei-
  ne ?
Lui qu'on a vû partir pour briser notre chaî-
  ne,
Qui reviendra bientôt payer notre rançon,
Qui nous l'a tant promis.

TEMIRE.

   Tu sçais qu'il est gascon ;
Peut-être sa promesse a passé sa puissance.
Des fils de la Garonne on connoît l'opulence :
A tenir peu soigneux, à promettre hardis,

Ils croyent tout certain quand ils ont dit,
Sandis.

Il n'y faut plus penser.

FATIME.

> Mais s'il étoit fidele ?

TEMIRE.

Ce seroit un peu tard qu'il prouveroit son
zele,

Et j'ai trop refléchi depuis que je l'attens.

FATIME.

Quel est-donc ce discours ?

TEMIRE.

> Fatime, il n'est plus tems :

Je suis l'unique objet des vœux de Diaphane,

Il m'adore . . . . je vois que ton cœur me con-
damne ;

Mais ce discret Sultan agit d'une façon

A mettre mon honneur à l'abri du soupçon ;

Garde-toi de penser qu'il offre à ma ten-
dresse,

L'honneur deshonorant du nom de sa maîtresse,

Et que ma modestie accepte en rougissant

La faveur d'un mouchoir que l'on jette en
passant ;

De ses intentions la pureté l'engage

A ne me rechercher que pour le mariage :

Tu verras sur son cœur, jusqu'où va mon pouvoir,

Je n'ai qu'à dire un mot, il m'épouse ce soir.

FATIME.

Que vos felicités, s'il se peut, soient parfai-
    tes.

Je voudrois bien me voir à la place où vous
    êtes...

Mais ce cœur qui se livre à de si doux transf-
    ports,

En épousant un Turc n'a-t-il point de re-
    mords?

Carabin vous a dit cent fois par la fenêtre

Que le sang d'un François vous avoit donné
    l'être ;

Que vous & vos parens, dans un combat
    fatal

Aviez subi le joug d'un Corsaire brutal ;

Ne vous souvient-il plus que dans une gale-
    re....

TEMIRE.

Ma foi, s'il m'en souvient, il ne m'en souvient
    guère ;

J'étois trop jeune alors pour m'en ressouve-
    nir,

Et tu perdrois ton tems à m'en entretenir.

Je n'ai devant les yeux que ce Sultan aima-
    ble,

Je servois, il me place en un rang honora-
    ble ;

Mon cœur est né sensible, & ne peut resister

Aux discours d'un amant dont l'aspect sçait
    flater.

Son bras s'est signalé par plus d'une conquête,

Il a le front serein, les yeux à fleur de tête,
Il a la voix sonore, & l'air majestueux,
Il parcourt le Serrail d'un pas tumultueux:
Après tant d'agrémens qu'on voit en sa per-
sonne,
Te parlerai-je aussi du sceptre qu'il me donne?
Non, l'éclat de ce rang n'éblouit point mes yeux,
Un cœur fait pour l'amour n'est point ambi-
tieux :
Oüi, si le ciel aux fers eût condamné sa vie,
Si l'Affrique à mes loix se voyoit asservie,
Ou mon amour me trompe, ou Temire au-
jourd'hui
Pour l'élever à soi descendroit jusqu'à lui.

FATIME.

Il le faut avoüer, cette pensée est belle,
Mais convenez aussi qu'elle n'est pas nouvelle.

TEMIRE.

Absent depuis deux jours, on l'attend aujour-
d'hui.

FATIME.

La grande porte s'ouvre, & sans doute c'est
lui.

SCENE II.

DIAPHANE, TEMIRE, FATIME.

DIAPHANE.

Madame, un long discours me seroit né-
cessaire,

Pour dire comment j'aime , & comment je
veux plaire :

Je vous pourrois ici nommer tous mes ayeux,

Vous conter leurs exploits ; mais ne parlons
point d'eux,

Et ne retraçons point les illustres miseres

Qu'éprouverent jadis les Sultans mes confre-
res.

Je suis peu leur exemple, & loin de me gê-
ner

A mes seuls sentimens je me laisse entraîner.

Au sein des voluptés bien loin que je m'en-
dorme ,

Si je tiens un Serrail ce n'est que pour la for-
me ;

Les loix que dès long-tems suivent les Ma-
homets,

Nous défendent le vin , moi je me le per-
mets ;

Tout usage ancien cede à ma politique,

Et je suis un Sultan de nouvelle fabrique.

Mais parlons de l'amour dont je brûle pour
vous ;

Je serai vôtre ami, vôtre amant, vôtre époux.

J'atteste vos beaux yeux, & l'amour qui m'en-
flâme

De ne prendre que vous pour maîtresse &
pour femme ;

Est-ce assez ?

TEMIRE.

Oui Seigneur ; je ne veux rien de plus ;

Voilà dequoi fixer des vœux irrésolus ;

Et si vous n'aspirez qu'à des ardeurs parfai-
tes ,
Jamais Sultan ne fut plus heureux que vous
l'êtes.

DIAPHANE.

Si vous me dites vrai.... que me veux-tu ;
Jasmin ?

SCENE III.

JASMIN, LES SUSDITS ACTEURS.

JASMIN.

Dans la première cour, un nommé Carabin ,
Qui sur sa foi gascone a passé dans la France,
Attend pour vous parler , & demande au-
diance.

TAMIRE à part.

Oh Ciel !

DIAPHANE.

Il peut monter , pourquoi ne vient-
il pas ?

JASMIN.

Au bas de l'escalier on arrête ses pas,
Vous sçavez que toujours votre porte est fer-
mée.

DIAPHANE.

Oui, c'étoit autrefois la regle accoutumée,
Mais il faut que d'entrer on ait permission
Si tu veux qu'au Serrail se passe l'action,

D'ailleurs à tous venans ma presence est of-
  ferte,
Chacun me rend visite, & je tiens table ou-
  verte.

SCENE IV.

CARABIN, LES SUSDITS ACTEURS.

CARABIN.

REspectable ennemi, que j'estime beau-
      coup,
Hé donc, je viens tenir parole. Pour le coup
J'ai de l'argent comptant, que j'aporte de
    France ;
Allons sans différer qu'on me fasse quittance.
A ne te pas mentir pour trouver cet argent,
Il falloit être heureux autant que diligent :
Grace au Ciel, c'en est fait, & la somme est
    complette.
Commence par lâcher la fille & la soubrette,
Nous choisirons après dix autres prisonniers:
Quant à moi je demeure, étant court de de-
    niers,
Qn'ils partent sur le champ, je resteral pour
    gage.

DIAPHANE.

N'en rachete que neuf, & mets toi du voyage ;
Mais ne crois pas me vaincre en generosité,
Remporte ton argent, reprens ta liberté,

Je puis même au befoin te prêter une fomme.

CARABIN.

Cadedis , pour un Turc vous êtes honnête
homme !

DIAPHANE.

Embarque cent captifs que je te rends encor,
Mais je veux de ce nombre excepter Alci-
dor.
Sa funefte valeur à nous nuire obftinée
N'a que trop parcouru la Mediterranée ;
Si je l'affranchiffois de mon jufte couroux,
Il armeroit bien-tôt en courfe contre nous.
Pour Temire , crois-moi, garde-toi de préten-
dre
Que l'or puiffe jamais m'engager à la rendre.
Quand l'Univers entier épuifant fes tréfors,
De fes peuples armés y joindroit les efforts,
Ce feroit vainement qu'il combattroit pour
elle,
Rien ne peut m'arracher une efclave fi belle.

CARABIN.

Qu'entends-je ! eft-ce la mode en ce maudit
pays
De manquer de parole après avoir promis ?

DIAPHANE.

Lorfque je te promis d'accorder ta demande,
Ce n'étoit qu'un enfant , à préfent elle eft
grande :
Tu peux partir.

CARABIN.

D'accord ; mais avant mon départ

Ne me refusez pas ce malheureux vieillard.

TEMIRE.

Pourquoi le retenir ?

CARABIN.

Il ne vivra qu'une heure.

DIAPHANE.

Je confens à remplir tes vœux pourvû qu'il meure,

Je vous quitte, Temire, adieu pour un moment,

Nous nous verrons bientôt dans mon appartement.

SCENE V.

TEMIRE, CARABIN.

TEMIRE.

SEigneur, je fuis confufe, & ne fçais que vous dire :

Vous croyez de ces lieux partir avec Temire,

Mais comme de l'amour mon cœur fubit la loi,

Vous voyez clairement qu'il faut partir fans moi ;

Cependant, Carabin, comptez qu'en votre abfence,

J'aurai pour les François beaucoup de déférence :

Sur l'efprit du Sultan fi j'ai quelque pouvoir,

Pour foulager leurs maux, je le ferai valoir :
Je deviendrai leur mere auprès de Diaphane.

.CARABIN.

Que vous auriez d'honneur fi vous n'étiez
Sultane !

SCENE VI.

ALCIDOR *foutenu par quatre Galeriens,*
TEMIRE, CARABIN.

CARABIN.

MAis quel est ce vieillard qui paroît aux
abois ?
N'est-ce point Alcidor ?

ALCIDOR.

J'entends parler François :
Où suis-je, mes amis ? ma vûë est si troublée,
Et de tant de malheurs mon ame est acca-
blée,
Que je ne puis, hélas ! parler, marcher, ni
voir.

CARABIN.

S'il est ainsi, bon-homme, il faut donc vous
asseoir.

ALCIDOR.

Suis-je libre en effet ?

CARABIN.

N'en faites aucun doute ;

Nous allons de Toulon bientôt prendre la
   route,
Vous vous y remettrez de vos membres per-
   clus.

ALCIDOR.

A qui dois-je un bonheur que je n'esperois
   plus ?

TEMIRE.

C'est à ce Cavalier, dont l'entreprise heu-
   reuse
Excite du Sultan la pitié genereuse ;
Pour votre délivrance il offroit un grand prix ;
Mais le Roi n'en veut point & vous partez
   gratis

CARABIN.

Entre gens du métier c'est ainsi qu'on en use,
On s'oblige l'un l'autre, & l'argent se refuse.

ALCIDOR.

Des Chevaliers gascons je reconnois l'ardeur,
S'ils n'ont pas de grands biens ils ont tous de
   l'honneur.

TEMIRE.

Il est vrai ; je ne puis concevoir ce mistere,
Suivant ce qu'on m'a dit, vôtre Province en-
   tiere
Auroit peine à payer une telle rançon.

CARABIN.

Je n'avois pas le sol, lorsque j'étois garçon :
Mais je vais en deux mots vous conter mon
   histoire.
Echapé de mes fers, chose assés dure à croire
                            Arrivan

Arrivant au pays je me fis Grenadier ;
On ne s'enrichit point dans ce noble métier.
Je me remis fur mer, & l'ingrate fortune
Ne me traita pas mieux fur le fein de Nep-
   tune ;
Je fus repris, Madame, & par un grand bon-
   heur
Je vous vis au Serrail malgré le grand Sei-
   gneur.
Eunuques, blancs & noirs, Boftangis, Ja-
   niffaires,
Ne m'empêcherent point de vous parler d'af-
   faires ;
Ce trait eft furprenant, mais paffons là-deffus.
Or comme en mon pays on craint peu les
   refus,
J'allai voir le Sultan, lequel fur ma parole,
Me laiffa repartir pour un projet frivole ;
Avec lui cependant je m'étois engagé
De revenir bientôt payer votre congé.
De retour dans la France, une veuve frin-
   gante
Me prit en mariage aux bords de la Cha-
   rante.
Elle mourut bientôt, une autre fucceda ;
Et cette autre en trois mois à fon tour dé-
   ceda ;
Je convolai bien-tôt avec une troifiéme,
Qui mourut en Avril, je ne fçai le quan-
   tiéme.
Heritier de leurs biens, & plus content qu'un
  Roi,

Les Enfans Trouvés.   B

J'ai vendu trois Châteaux, qui n'étoient point
à moi.

ALCIDOR.

Oh fort ! dont la faveur me rend à la lumiere ;

Que ne peux-tu la rendre à ma famille en-
tiere ?

Deux enfans me font morts , il m'en refte
encore deux :

Ne me direz-vous point quelque nouvelle
d'eux ?

J'avois un beau garçon, une plus belle fille ;

Qui devoit faire un jour l'honneur de ma famille ;

Mais qui dans le Serrail, l'écüeil de la pudeur,

Peut-être en ce moment en fait le deshonneur.

Mon fils fut fait Efclave , & fa fœur plus pe-
tite

Au Serrail avec lui par les Turcs fut conduite.

CARABIN.

Comment ! il m'arriva même chofe jadis ;

A l'âge de quatre ans par les Turcs je fus
pris ,

Mené dans le Serrail avec cette perfonne,

Et d'être tant foit peu ma fœur, je la foup-
çonne.

TEMIRE.

Qu'entens je ?

ALCIDOR.

Ce minois, cet air vif & coquet,

De ma défunte femme eft le vivant portrait :

Même, à ce que je crois, ce garçon me res-
semble.

Dans quel tems, s'il vous plaît, fûtes-vous pris
ensemble?

Je ne prétends ici rien decider en l'air;

Surtout en fait d'enfans on ne peut voir trop
clair.

CARABIN.

Je fus, il m'en souvient, pris en mil sept cens
seize.

ALCIDOR.

Epoque trop heureuse, & qui me comble d'aise:
Et quel âge avez-vous à present?

CARABIN.

J'ai vingt ans.

ALCIDOR.

Et vous?

TEMIRE.

J'en ai dix-huit.

ALCIDOR.

Baisez-moi, mes enfans.

CARABIN.

Cela ne se peut pas.

ALCIDOR.

Et pourquoi?

CARABIN.

Non, vous dis-je:
De tels évenemens tiennent trop du prodige.
Je fus pris à quatre ans, à cet âge un gar-
çon

B ij

De ſon pere du moins devroit ſçavoir le nom.

ALCIDOR.

N'as-tu pas dans le ſein la bleſſûre fâcheuſe
Que te fit à mes yeux une main furieuſe ?

CARABIN.

J'en ai trehte, Sandis.

ALCIDOR.

Ah je n'en puis douter,
Vous êtes mes enfans, j'oſe vous l'atteſter.

TEMIRE.

Quoi, vous êtes mon pere, & dans cet équi-
page.....

CARABIN.

Mais vous en croirons-nous ſans autre té-
moignage ?

ALCIDOR.

Mon fils, cher heritier.....

CARABIN.

Avez-vous de gros biens ?

ALCIDOR.

J'en ai beaucoup en France

CARABIN.

Allons, je m'en ſouviens.

ALCIDOR.

Je vous revois enfin, famille ſi cherie,
Que je vais ramener au ſein de ma patrie !
Mais d'un ſoupçon fatal mes ſens ſont agités,
e crains de dévoiler d'affreuſes verités ;
Quand je ſonge en quels lieux je la vois re
tenuë,

Je n'ofe fur ma fille encor jetter la vûë.

Oh! jour qui me la rends, comment me la
rends-tu?

Tu pleures? je t'entens, tu n'as plus de vertu.

TEMIRE.

Je ne puis vous tromper, l'amoureux Diaphane

Dans une heure au plus tard doit me faire
Sultane.

ALCIDOR.

Que la foudre en éclats ne tombe point fur
moi,

Car je ne vois ici de coupables que toi.

Vivre dans un Serrail! ah fille déloyale,

Ne comptes-tu pour rien le mépris, le fcan-
dale?

Ofe-tu fans rougir t'applaudir de ce choix,

Et former un himen que condamnent nos
loix?

Mais je te vois pleurer, ma fille, c'eft bon
figne,

Ce vertueux retour de ton fang te rend digne.

TEMIRE.

Oüi mon pere, je fens ma vertu revenir,

Vous parlez fi long-temps qu'on ne peut y
tenir.

ALCIDOR.

Oüi je m'en aperçois, déja je perds haleine,

Je vais m'évanoüir, vite qu'on me ramene.

Ah! malgré nos efforts, qu'en ce fiécle malin

Fille mal aifément reprend le bon chemin!

On l'emporte.

SCENE VII.

TEMIRE, CARABIN.

CARABIN.

LE papa touche presque à son heure der-
    niere,
Et va dans le soupçon achever sa carriere ;
Il n'est pas encor seur du retour de ton cœur
Et je ne sçais qu'en croire aussi, ma chere
    sœur.

TEMIRE.

Non, vous devez compter sur mon obéissan-
    ce ,
Et je veux suivre en tout les coûtumes de
    France ;
Daignez m'en éclaircir , car je prétends sça-
    voir
Pourquoi je m'écartois ainsi de mon devoir ,
Et pourquoi cet himen est au nombre des
    crimes?

CARABIN.

Cadedis, c'est qu'il est contraire à nos maxi-
    mes.

TEMIRE.

Expliquez-les moi-donc . . .

CARABIN.

                    Je m'en tirerois mal ;
Ma lecture se borne au parfait Maréchal,

Et je sçais seulement qu'un pareil mariage ....
Vous m'entendez , je n'ose en dire d'avan-
 tage.

T E M I R E.

Ah ! cruel poursuivez , vous ne connoissez
 pas
Mon secret , mes tourmens , mes vœux , mes
 attentats.

C A R A B I N.

Non vraiment ; & qui diable y pourroit rien
 connoître!
Parlez-moi sans énigme , & j'entendrai peut-
 être.

T E M I R E.

Voici le fait : je suis retenuë en ces lieux ;
Le Sultan est frapé de l'éclat de mes yeux ,
Il est , vous le sçavez , maître de ma personne ,
Et l'on doit l'épouser aussi-tôt qu'il ordonne ;
Mais , me voyant forcée à suivre son desir ,
Si mon cœur y cedoit avec quelque plaisir ?

C A R A B I N.

Qu'entens-je ? ce seroit une impudence ex-
 tréme ,
Digne de vingt souflets.

T E M I R E.

   Frape-donc , car je l'aime.

C A R A B I N.

Opprobré malheureux du sang de Carabin ,
Il ne te manque plus que d'aimer un Rabin.
Oüi , si je n'écoutois que mon boüillant cou-
 rage ,

Dans ton maudit Serrail j'irois faire tapage ;
Je mettrois le Château tout sans dessus des-
    sous,
Ferois un abbatis de tous les Marabous,
A ce fat de Sultan arrachant la moustache . . . ;
Mais non, à mon honneur ce seroit une ta-
    che.

TEMIRE.

Arrête, mon cher frere, arrête, & connois
    moi,
Peut-être que Temire est digne encor de toi ?
Du pouvoir de l'amour la vertu me delivre :
Fais-moi sortir d'ici ; je suis prête à te sui-
    vre.
Ah ! mon cher Diaphane il faut donc te quit-
    ter !
Que de pleurs ce depart à mes yeux va coû-
    ter ;
Pardonne, ton couroux, mon pere, ma ten-
    dresse,
Mes sermens, mon devoir, mes remords, ma
    foiblesse,
Mon trouble, ma douleur, mes chagrins, mon
    ennui . . . .

CARABIN.

Elle ne finira je pense d'aujourd'hui.
De mots sans liaison quelle ample quirielle !
Conclusion, ton ame enfin se resout-elle ?
Promets-tu de venir ?

TEMIRE.

Oüi, je te le promets,

                                    Mon

Mon frere rends-moi libre, à tout je me fou-
    mets.

Mais tu devrois du moins aller voir notre
    pere ;

Nous le laiffons mourir d'une étrange ma-
    niere,

CJARABIN.

Je le compte pour mort, & j'y perdrois mes
    pas :

Au moins, dans vos projets ne vous démen-
    tez pas.

A tout évenement, ma fœur, tenez vous prête ;

Vous allez voir bientôt quelque coup de ma
    tête.

Il s'en va.

SCENE VIII.

TEMIRE *feule.*

ME voilà feule, hélas ! que vais-je de-
    venir ?

Il faut avec moi-même ici m'entretenir :

Examinons-nous bien, voyons de quelle ef-
    pece

Doit me rendre aujourd'hui l'honneur ou la
    foibleffe.

Suis-je Turque, ou Françoife ? hélas ! je n'en
    fçais rien,

Et mon état prefent ne fe conçoit pas bien ;

Les Enfans Trouvés,   C

Suivrai-je mon devoir, ou m'en écartetai-
je ?

N'épouferai-je pas, ou bien épouferai-je ?

Que dis-je ! ai-je oublié les fermens que j'ai
faits ?

Mon pere, mon pays, vous ferez fatisfaits.

Plus je veux l'étouffer, plus mon feu fe ral-
lume ;

J'aime toujours, malgré la France & fa coûtume.

Ah ! puifque tu devois m'époufer dès ce foir,

Pourquoi m'aprenoit-on aujourd'hui mon devoir !

Frere trop rigoureux, du moins pour me l'a-
prendre

Jufqu'à demain matin tu devois bien atten-
dre !

SCENE IX.

DIAPHANE, TEMIRE, JASMIN.

DIAPHANE.

JE n'y puis plus tenir, Madame paroiffez,
Venez, venez répondre à mes vœux em-
preffés ;

La Mofquée eft ornée, & les flambeaux s'al-
lument,

Le Moufti vous attend, déja les parfums fu-
ment. . . . .

TEMIRE, *à part.*

'A ces apprêts flateurs pourrois-je resister ?
Il le faut bien pourtant.

DIAPHANE.

C'est trop vous arrêter ;
Venez.

TEMIRE, *à part.*

Où me cacher.

DIAPHANE.

Que dites vous ?

TEMIRE.

Je n'ose;

DIAPHANE.

Vous n'osez ?

TEMIRE.

Non Seigneur.

DIAPHANE.

Et pourquoi donc ?

TEMIRE.

Pour cause;

DIAPHANE,

'Ah ! je vois ce que c'est , sans doute la pudeur.....

TEMIRE.

Non, ce n'est point cela , vous vous trompez,
Seigneur.

DIAPHANE.

Expliquez-vous donc mieux.

TEMIRE.

Ciel !

DIAPHANE.

　　　　　　　　　　　　Quoi ?

TEMIRE.

　　　　　　　　　　　　Cet hymenée

Par son éclat pompeux ne m'a point éton-
　　née ;

Je n'ai point recherché les biens & les gran-
　　deurs,

Un plus noble interêt fit naitre mes ardeurs :

Mon cœur tendre & sincere aux trônes de l'A-
　　frique,

Eût preferé l'abri du toit le plus rustique :

Seule , & dans ces deserts auprès de mon
　　époux . . . .

DIAPHANE.

Hé bien , nous serons seuls , de quoi vous plai-
　　gnez-vous ?

TEMIRE.

D'accord , mais Carabin . . . .

DIAPHANE.

　　　　　　　Que dites-vous , Madame ?

Qu'auroient-donc de commun Carabin , &
　　ma flâme ?

TEMIRE.

'Alcidor va mourir . . . .

DIAPHANE.

　　　　　　　Que m'importe sa mort ?

Et quel vif interêt prenez-vous à son sort ?

TEMIRE.

Cet hymen dont l'idée à mon cœur est si
　　chere,

Cet hymen si charmant, souffrez qu'on le diffère.

DIAPHANE.

Je ne m'attendois pas à pareil compliment ;
Temire.

TEMIRE à part.

Je frémis de son emportement.

DIAPHANE.

Temire....

TEMIRE.

Il m'est affreux, Seigneur, de vous
déplaire,
Laissez-moi vous quitter, je ne sçaurois mieux
faire.

DIAPHANE.

Je n'y comprends plus rien , pourquoi partir
si-tôt ?
Dites-moi vos raisons....

TEMIRE.

Je les dirai tantôt.

SCENE X.

DIAPHANE, JASMIN.

DIAPHANE.

JE demeure immobile & ma langue glacée
Autant que mon esprit se trouve embarrassée ;

La fituation pour le coup m'interdit :
Que faut-il que je dife , & que m'a-t'elle dit ?
Cher Jafmin , quel eft-donc ce changement
    extrême ?
Je ne la connois plus , je m'ignore moi-même ,
Je la laiffe échaper !

JASMIN.
    Que ne l'arrêtiez-vous ?

DIAPHANE.
Pourquoi fe dérober à des momens fi doux ?

JASMIN.
'Avez-vous oublié les grimaces des filles ?
Elles fe font valoir quand elles font gentilles.

DIAPHANE.
Si ce petit Gafcon m'avoit ravi fon cœur . . . ;
Elle m'en a parlé : quel foupçon ! quelle
    horreur !
Il n'en faut point douter, le perfide l'adore,
Il vouloit l'emmener & le defire encore.
Quelle honte pour moi, qu'un jeune auda-
    cieux
Sur l'objet de ma flâme ofe lever les yeux!

JASMIN.
Preniez-vous ce Gafcon , Seigneur, pour une
    bête ?
Vous les avez laiffés enfemble tête à tête.

DIAPHANE.
Je ne le ferai plus.

JASMIN.
    Vous aurez bien raifon.

'Ah ! que la prévoyance est ici de saison;
Mais il doit revenir.

DIAPHANE.

Qu'il revienne, le traître...

Qu'on l'assomme à l'instant s'il ose reparoître.
Excuse les transports de ce cœur offensé :
Je suis un étourdi, j'ai le cerveau blessé ;
Mais je sçai quelques fois agir avec prudence,
Et ne puis accuser Temire d'inconstance.
Non, son cœur n'est point fait pour une tra-
        hison,
Ni le mien pour sentir l'atteinte d'un soup-
        çon.
Ne crois pas cependant qu'un Sultan s'avilisse,
'A se voir le joüet d'un amoureux caprice ;
'A souffrir des rebuts, dérober des faveurs,
Combattre des mépris, respecter des rigueurs :
Je veux même oublier qu'une fois en ma vie,
J'eus d'aimer constamment la ridicule envie.
Que désormais à tous le Serrail soit fermé
Et que tout rentre ici dans l'ordre accoûtu-
        mé.

SCENE XI.

TEMIRE, DIAPHANE, JASMIN.

DIAPHANE.

Elle revient ; mon cœur fais bonne con-
        tenance ;

Vizir, fois le témoin de mon indifférence:
Madame, il fut un temps, mais ce temps-là
    n'eſt plus,
Et de m'en ſouvenir je ſuis même confus;
Il fut un temps, vous dis-je, où mon ame in-
    ſenſée,
S'applaudiſſoit du trait dont vous l'aviez bleſ-
    ſée.
Je croyois être aimé, je devois l'être auſſi;
Mais de ne l'être pas je ne prens nul ſouci,
Et je puis en perdant un cœur comme le vôtre,
Sans ſoupirer long-temps, en retrouver un au-
    tre :
Je m'en flatte du moins; une autre aura des
    yeux
Qui de ce que je vaux jugeront beaucoup
    mieux.
Il pourra m'en couter, je l'avouë à ma honte;
Mais à me conſoler cette autre ſera prompte;
Et j'aime cent fois mieux briſer des nœuds ſi
    doux,
Que de paſſer pour ſot en ſoupirant pour vous ;
Allez, mes yeux jamais ne reveront vos char-
    mes.

            TEMIRE.

Ma vertu ne ſçauroit tenir contre mes lar-
    mes,
Et l'amour ſur l'honneur prend toujours le
    deſſus;
Eſt-il bien aſſuré que vous ne m'aimiez plus,
Seigneur ?

DIAPHANE.

Il est trop vrai que l'honneur me l'ordonne,

Que je vous aimai trop, que je vous aban-
donne :

Que mes vœux, que mon cœur, que mes yeux
éclairez . . . . ,

Que j'aimai, que je haïs . . . . Temire vous riez?

TEMIRE.

Seigneur qui ne riroit de tout ce badinage !
De mon incertitude & de votre langage ?

DIAPHANE.

Ne crois pas que mon cœur soit d'accord avec
moi,

Quand je parle d'aimer un autre objet que
toi ;

Cesse de t'affliger, adorable Temire,

Va, tout ce que j'ai dit ce n'étoit que pour
rire.

Mais toi qui refusois la main de ton amant,

Etoit-ce par caprice, ou par rafinement ?

L'amour ne veut point d'art quand la fille est
jolie,

Et je ne hais rien tant que la coquetterie.

TEMIRE.

Moi coquette, Seigneur ! & vous m'en soupç-
çonnez ?

Non, non, au simple amour tous mes vœux
sont bornez.

DIAPHANE.

Hé bien, épousons-nous.

TEMIRE.

J'en aurois grande envie ;
Mais....

DIAPHANE.

Hé bien....

TEMIRE.

Ah ! Seigneur....

DIAPHANE.

Que de ceremonie!
Vous m'impatientez.

TEMIRE.

Souffrez qu'à vos genoux
Je demande en tremblant une grace de vous !

DIAPHANE.

Et de quoi s'agit-il ?

TEMIRE.

Permettez que je forte.

DIAPHANE.

Quoi toujours me quitter , & de la même
forte ?

TEMIRE.

Demain tous mes secrets vous seront reve-
lés.

DIAPHANE.

Pourquoi pas aujourd'hui ? qui vous retient ?
parlez.

TEMIRE.

J'exige ce délai de votre complaisance.

DIAPHANE.

Je sçaurai la raison qui vous force au silence.

Et l'examineraj, j'attends jufqu'à demain ;
Pour un Turc, avoüez que je fuis trop hu-
main ,
Tout autre en vous aimant voudroit de votre
bouche
Aprendre ce fecret, qui fans doute me touche.

TEMIRE.

En me parlant ainfi vous me percez le cœur.

DIAPHANE. à Temire qui fort.

C'eft dommage ; adieu donc : vous partez ?

TEMIRE.
Oüi Seigneur.

SCENE XII.

DIAPHANE, JASMIN.

DIAPHANE.

JE défie au plus fin d'y pouvoir rien com-
prendre ;
Et voilà de ces coups qui font faits pour fur-
prendre.
Je fuis bien indigné ; mais elle a fes raifons :
Je devrois les fçavoir. . . . faifons tréve aux
foupçons.
On m'aime, c'eft affez, on le dit, on le jure ;
Une femme n'eft pas capable d'impofture ;
Un grand cœur à la croire eft toujours en-
gagé.

JASMIN, *à part.*
Par ma foi le Sultan n'a guère voyagé.

SCENE XIII.

MATADOR, DIAPHANE, JASMIN.

DIAPHANE.

QUe veux-tu ?
MATADOR.
Ce billet à Temire s'adresse ;
Vos Gardes surveillans l'ont surpris par adresse.
DIAPHANE.
Donne, qui le portoit ?
MATADOR.
Un des Galeriens
Dont vos bontés, Seigneur, ont brisé les liens.
DIAPHANE.
Lisons.... la main me tremble & j'aurai peine à lire.

LETTRE.

J'E vous attends, chere Temire ;
Il est vers la Mosquée un sentier très-obscur
Qui vers le Port peut vous conduire ;
Si vous vous y rendez notre départ est sûr.

Qu'en dis-tu, cher Jasmin ?

JASMIN.

Je n'en dis rien de bon;
On se mocque de vous d'une étrange façon.

DIAPHANE.

Tu vois comme on me traite.

JASMIN.

O trahison horrible !
Tromper un si bon homme, hélas est-il pos-
sible !

Il pleure.

DIAPHANE.

Cours chés elle à l'instant, montre-lui ce
billet
Et perce-la soudain de cent coups de stilet;
Marche-donc, obéis : non, arrête, demeu-
re....
Quoi tu n'es pas parti, malheureux ?...

JASMIN.

Tout à l'heure.

DIAPHANE.

'Attends; Ciel ! que résoudre en un tel em-
baras?

JASMIN.

Hé bien, Seigneur, irai-je, ou bien n'irai-je
pas ?

DIAPHANE.

Je n'en sçai rien.

JASMIN.

Ni moi.

DIAPHANE.

La perfide !

JASMIN.

L'ingrate !

D'être aimé constamment, en vain l'homme se
flate.

DIAPHANE.

Je prétends lui parler; qu'on la fasse venir.

JASMIN.

Encor un entretien, Seigneur ?

DIAPHANE.

C'est pour finir.

JASMIN.

Finissez sans cela ; vous sçavez que la belle
Ne conviendra jamais qu'elle soit infidele ;
Epargnez-vous l'ennui d'un éclaircissement :
L'Amant y fait le sot, la fille y pleure , &
ment.
Attendez . . . il me vient une belle pensée :
Il faut que cette Lettre à Temire adressée
En ses perfides mains soit remise à l'instant.

DIAPHANE.

Ah ! ne negligeons pas cet avis important ;
Va chercher un Esclave intelligent , alerte
Qui ne lui dise pas que nous l'avons ou-
verte.

JASMIN.

Bagatelle, je vais la lui faire porter
Et je prendrai le soin de la recacheter.

Il s'en va.

SCENE XIV.

DIAPHANE *seul.*

OUi, Jasmin a raison ; & de cette ma-
niere
La conduite sera beaucoup plus reguliere,
Car si je la voyois, il faudroit lui prouver
Qu'elle m'est infidelle, & cherche à se sau-
ver.
Mais je n'en serois rien , & n'osant lui ré-
pondre,
J'oublirois les moyens que j'ai de la con-
fondre,
Je connois ma foiblesse , & sans les em-
ployer,
On me verroit sans fruit encor la ren-
voyer.

SCENE XV.

JASMIN, DIAPHANE,

JASMIN,

SEigneur, l'affaire est faite, & ma course
est heureuse,
Le billet est rendu par certaine coëffeuse ;

Temire a fait réponse, & d'un air aigre-
    doux

Au Gascon, dans ces lieux a donné rendez-
    vous.

DIAPHANE.

Nous les verrons venir, & déja la nuit sombre
    bre

Aux furtives amours semble prêter son ombre
    bre.

Ecoute, cher Jasmin, n'entends-tu pas des
    cris ?

JASMIN.

Ils iront doucement de peur d'être surpris;
Fille que l'on enleve, & qui consent à l'être,
N'a garde de crier.

DIAPHANE.

        Le scelerat, le traître !

JASMIN.

Tout dort, & votre esprit de soupçons tra-
    vaillé....

DIAPHANE *en pleurant.*

Hélas lorsque tout dort, le crime est éveillé.

JASMIN.

Quoi, Seigneur, de pleurer vous faites la fo-
    lie?

DIAPHANE.

Un Héros peut pleurer une fois en sa vie.

Ah ! pour le coup on vient, je ne me trompe
    pas.

JASMIN.

Oüi, vous avés raison, on marche à pe-
    tits pas.

                         SCENE

SCENE XVI.

TEMIRE, FATIME, & les susdits
Acteurs.

TEMIRE.

Est-ce ici le chemin ?

FATIME.

Oui, Madame, courage;
Carabin va venir.

DIAPHANE.

Je frissonne, j'enrage;
Mais je vais dans son sang éteindre son forfait.
L'infidelle !

JASMIN.

Pour moi, je me cache... est-ce fait?

DIAPHANE.

J'entens encor du bruit, & j'apperçois le traître ;
La lanterne qu'il tient me le fait reconnoître ;
Je vais les immoler à ma juste fureur.

TEMIRE.

Est-ce vous Carabin ?

D

SCENE XVII. & derniere.

CARABIN, & les susdits Acteurs.

CARABIN.

Estes vous là, ma sœur ?

DIAPHANE.

Sa sœur ! Ah ! j'allois faire une belle sottise !
Cet éclaircissement m'épargne une méprise.

TEMIRE.

Que vois-je ? le Sultan . . . .

CARABIN.

Nous sommes découverts.
Ah sandis, nous allons retomber dans les fers.

DIAPHANE.

Est-elle bien ta sœur ?

CARABIN.

Alcidor est son pere ;
Je suis fils d'Alcidor, *ergo*, je suis son
frere.

DIAPHANE.

Et pourquoi souffrois-tu qu'il osât t'enlever ?

TEMIRE.

C'est que je vous aimois, & voulois me sau-
ver.

DIAPHANE.

Mais par qu'elles raisons ?

TEMIRE.

La coûtume de France

Me l'ordonnoit, Seigneur.

DIAPHANE.

Oh quelle extravagance !

Puisqu'un pareil motif avoit sçû te guider,

Je suis trop délicat pour vouloir te garder.

JASMIN.

C'est fort bien fait, Seigneur ; renvoyez la ma-
　　　toise,

Qu'elle fasse à Paris l'amour à la Françoise.

DIAPHANE à Temire.

Moi, dont tu connoissois les vertus, les bon-
　　, tés ;

Qui n'ai jamais agi que par tes volontés...,

Ah ! si dans ton païs tu désirois de vivre,

Je t'adorois assez, cruelle, pour t'y suivre,

Et changeant tout-à-coup le Turban en Plu-
　　met ,

J'aurois en petit Maître habillé Mahomet ;

Mais je suis trop piqué. Jasmin, je veux qu'ils
　　partent ,

Et que de ce rivage à jamais ils s'écartent ,

Pour que le spectateur se sente remuer ,

Il faut que quelqu'un meure , & je vais me
　　tuer.

CARABIN.

Ah! ne vous tuez pas avant notre voyage ;
Car si vous expirez, on nous remet en cage :
Que de la mort au moins nous soyons garantis.

DIAPHANE.

Hé bien, je me tuerai quand vous serez partis.

Fin de la Parodie.

APPROBATION.

J'Eu & examiné pour suite du Nouveau Théatre Italien. A Paris ce 21.
Janvier 1733.

DANCHET.

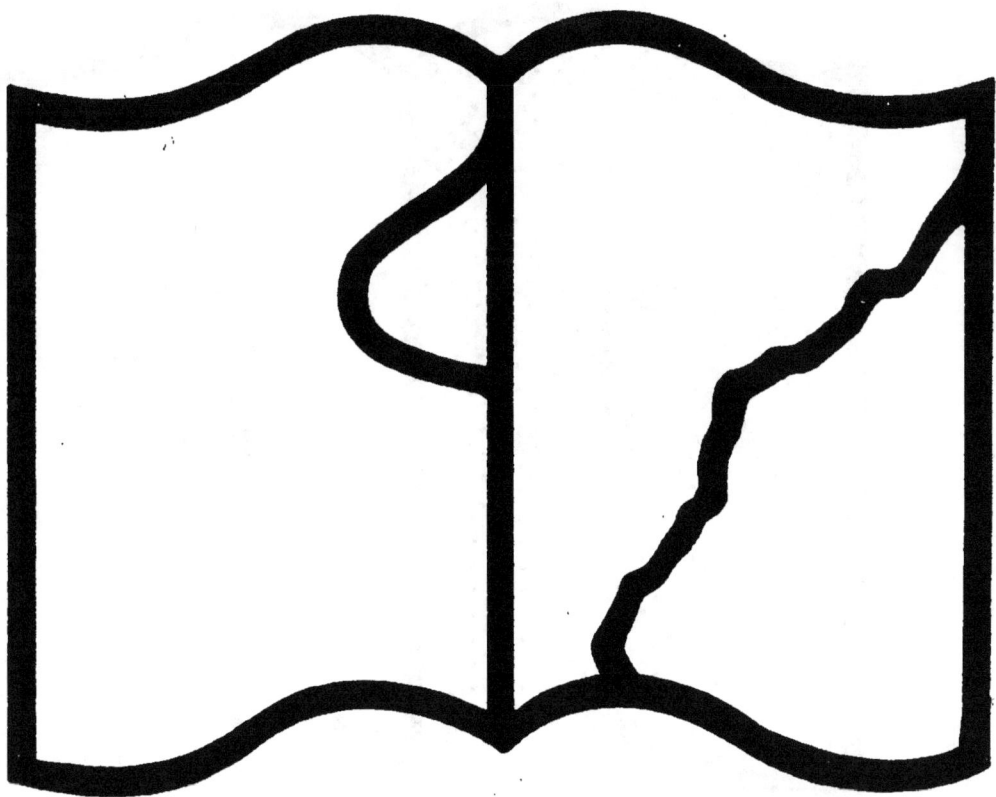

Texte détérioré — reliure défectueuse

NF Z 43-120-11

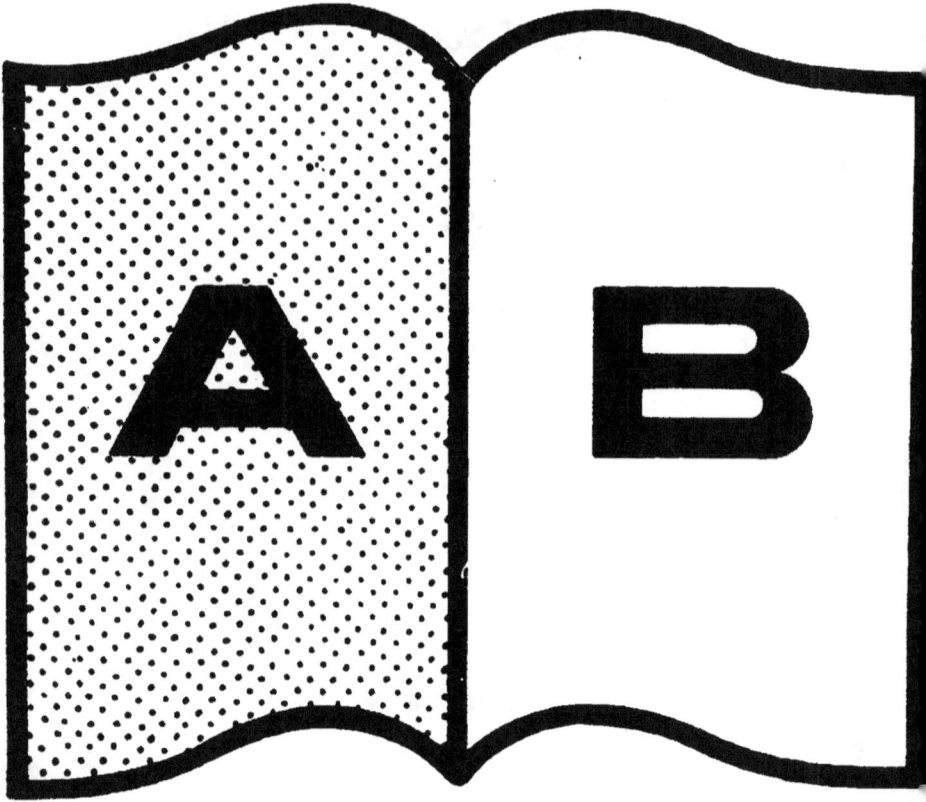

Contraste insuffisant

NF Z 43-120-14

www.ingramcontent.com/pod-product-compliance
Lightning Source LLC
LaVergne TN
LVHW052149080426
835511LV00009B/1755